AF302672

Die Macht der WHO: Gesundheitsdiktatur oder Schutz der Menschheit?

Wie internationale Vorschriften unsere Gesundheit und Freiheit beeinflussen

Herausgegeben von: Holger Kiefer
(https://kiefer-coaching.de)
Verlagslabel: Kiefer-Coaching-Verlag
ISBN:
Softcover 978-3-384-26824-2
Hardcover 978-3-384-26825-9
Großschrift 978-3-384-26826-6
E-Book 9783759229434
Druck und Distribution im Auftrag :
tredition GmbH, Heinz-Beusen-Stieg 5, 22926
Ahrensburg, Germany
Das Werk, einschließlich seiner Teile, ist urheberrechtlich
geschützt. Für die Inhalte ist der Autor selbst
verantwortlich. Jede Verwertung ist ohne Zustimmung
unzulässig. Die Publikation und Verbreitung erfolgen im
Auftrag des Autors, zu erreichen unter: tredition GmbH,
Abteilung "Impressumservice", Heinz-Beusen-Stieg 5,
22926 Ahrensburg, Deutschland.

Inhaltsverzeichnis

Teil 1: Einleitung und Hintergrund

Kapitel 1: Die WHO und ihre Rolle im globalen Gesundheitssystem

Die Gründung und Entwicklung der WHO

Die Weltgesundheitsorganisation (WHO) wurde 1948 gegründet und ist eine Sonderorganisation der Vereinten Nationen. Ihre Hauptaufgabe ist es, die Gesundheit auf globaler Ebene zu fördern, Krankheiten zu bekämpfen und die Lebensqualität der Menschen zu verbessern. Die WHO war ursprünglich ein Ausdruck des globalen Strebens nach einer besseren und gerechteren Gesundheitsversorgung für alle Menschen, unabhängig von ihrer Herkunft, ihrem Land oder ihrer sozialen Stellung.

Die ersten Jahrzehnte der WHO waren geprägt von Erfolgen wie der Ausrottung der Pocken und dem globalen Kampf gegen Infektionskrankheiten wie Malaria und Tuberkulose. Die WHO hat sich durch ihre internationalen Gesundheitsprogramme, ihre wissenschaftlichen Forschungen und ihre Fähigkeit, Länder bei Gesundheitskrisen zu unterstützen, einen herausragenden Ruf erworben.

Die aktuelle Rolle der WHO in der globalen Gesundheitslandschaft

Heute spielt die WHO eine zentrale Rolle in der globalen Gesundheitsarchitektur. Sie entwickelt internationale Gesundheitsrichtlinien, koordiniert die Reaktion auf Gesundheitskrisen wie Pandemien und berät Länder in Gesundheitsfragen. Dabei ist sie auf die Zusammenarbeit mit Regierungen, internationalen Organisationen, dem privaten Sektor und der Zivilgesellschaft angewiesen.

Die WHO ist jedoch nicht mehr nur eine Organisation, die sich um die Bekämpfung von Infektionskrankheiten kümmert. Ihre Aufgaben haben sich erweitert, um auch nichtübertragbare Krankheiten, die Auswirkungen des Klimawandels auf die Gesundheit, psychische Gesundheit und viele andere gesundheitliche Herausforderungen des 21. Jahrhunderts zu umfassen. Diese Erweiterung des Mandats hat die WHO vor neue Herausforderungen gestellt, insbesondere in Bezug auf ihre Finanzierungsstruktur und ihre **Abhängigkeit von externen Geldgebern**.

Kontroversen und Kritikpunkte an der WHO

Trotz ihres bedeutenden Beitrags zur globalen Gesundheitspolitik steht die WHO in den letzten Jahren zunehmend in der Kritik. Eine der Hauptkritikpunkte betrifft ihre Finanzierung. Während die WHO ursprünglich größtenteils durch Pflichtbeiträge der Mitgliedstaaten finanziert wurde, ist sie heute stark von freiwilligen Beiträgen und Spenden privater Stiftungen und Unternehmen abhängig. Diese Abhängigkeit hat Bedenken hinsichtlich der Unabhängigkeit und Integrität der WHO geweckt.

Das WHO-Budget setzt sich aus Pflichtbeiträgen der Mitgliedstaaten, die von den Vereinten Nationen festgelegt und an der Wirtschaftskraft der Länder ausgerichtet werden, und aus freiwilligen Beiträgen zusammen. Deutschlands Pflichtanteil lag im Jahr 2021 lag bei 31 Millionen US-Dollar. Die Pflichtbeiträge machen inzwischen jedoch nur etwa 15 Prozent des Gesamtbudgets aus. Nahezu 85 Prozent des Budgets sind freiwillige Beiträge, sowohl staatliche als auch private. Allein Deutschland zahlte im Jahr 2021 über 600 Millionen US-Dollar freiwillig. Die große

Abhängigkeit von privaten Geldgebern – insbesondere der Bill-und-Melinda-Gates-Stiftung, die zu den größten Geldgebern der WHO überhaupt zählt – ist dabei eine Besonderheit unter allen UN-Sonderorganisationen.

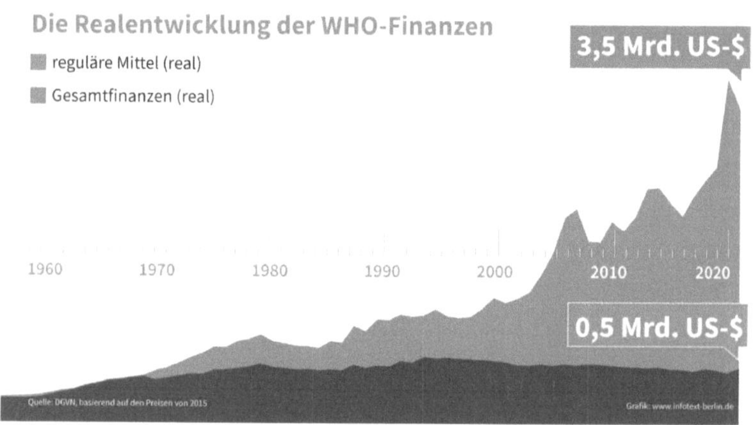

Nicht nur die WHO ist im Gesundheitsbereich aktiv

Insgesamt berichteten 23 UN-Organisationen für 2021 über Ausgaben in Höhe von 7,9 Milliarden US-Dollar im Bereich ‚Gesundheit und Wohlergehen‘, eines der 17 Ziele für nachhaltige Entwicklung (Sustainable Development Goals – SDGs). Neben der WHO waren dies unter anderem

das Kinderhilfswerk der Vereinten Nationen
(UNICEF) mit 1,5 Milliarden US-Dollar, der
Bevölkerungsfonds der Vereinten Nationen
(UNFPA) mit 0,69 Milliarden, das
Entwicklungsprogramm der Vereinten Nationen
(UNDP) mit 0,45 Milliarden, das Hohe
Flüchtlingskommissariat der Vereinten Nationen
(UNHCR) mit 0,37 Milliarden und die
Internationale Fazilität zum Kauf von
Medikamenten (UNITAID) mit 0,36 Milliarden
US-Dollar. Daneben unterstützen auch andere
globale Organisationen mit erheblichen Budgets,
teils in Zusammenarbeit mit der WHO oder
anderen UN-Organisationen, Programme im
Gesundheitsbereich, beispielsweise: die Impfallianz
‚Gavi' und der Globale Fonds zur Bekämpfung von
AIDS, Tuberkulose und Malaria, die beide von
Staaten und privaten Geldgebern unterstützt
werden; der National Philanthropic Trust, eine
Wohltätigkeitsorganisation, die Spendern,
Stiftungen und Finanzinstituten philanthropisches
Fachwissen zur Verfügung stellt, um sie so dabei zu
unterstützen, ihre philanthropischen Bestrebungen
zu verwirklichen; und Rotary International, eine
Organisation, die sich insbesondere im Kampf
gegen Polio engagiert.

Quelle: https://dgvn.de/finanzierung-der-un/wohin-
fliessen-die-gelder/die-who-und-ihre-
finanzierungca25555

Ein weiterer Kritikpunkt ist die Rolle der WHO bei der Ausrufung von globalen Gesundheitsnotständen und der Zulassung von Medikamenten und Impfstoffen. Kritiker werfen der WHO vor, in diesen Bereichen zu schnell und ohne ausreichende wissenschaftliche Grundlage zu handeln, was möglicherweise das Vertrauen der Öffentlichkeit in die Gesundheitsmaßnahmen untergraben könnte.

Diese und andere Kontroversen haben das Bild der WHO in der Öffentlichkeit und in den Medien beeinflusst und Fragen über ihre Rolle und ihre Zukunft in der globalen Gesundheitspolitik aufgeworfen.

Kapitel 2: Die Gesundheitssicherheitsdoktrin

Erläuterung der „Gesundheitssicherheitsdoktrin"

Die „Gesundheitssicherheitsdoktrin" ist ein Konzept, das in den letzten zwei Jahrzehnten zunehmend an Bedeutung gewonnen hat. Sie basiert auf der Idee, dass Gesundheitsfragen nicht nur ein Thema der öffentlichen Gesundheit, sondern auch eine Frage der nationalen und globalen Sicherheit sind. Dieses Konzept hat seine Wurzeln in den Erfahrungen mit Pandemien, bioterroristischen Bedrohungen und anderen gesundheitlichen Krisen, die gezeigt haben, wie anfällig moderne Gesellschaften für solche Ereignisse sind.

Im Kern der Gesundheitssicherheitsdoktrin steht die Vorstellung, dass Gesundheitsbedrohungen, egal ob natürlich oder menschengemacht, eine potenzielle Gefahr für die Stabilität und Sicherheit von Staaten darstellen können. Diese Bedrohungen erfordern daher eine koordinierte und oft militarisierte Antwort, bei der nicht nur Gesundheitsbehörden, sondern auch Sicherheits- und Verteidigungsinstitutionen eine wichtige Rolle spielen.

Auswirkungen auf nationale und internationale Gesundheitsmaßnahmen

Die Einführung der Gesundheitssicherheitsdoktrin hat weitreichende Auswirkungen auf die Art und Weise, wie Gesundheitskrisen gehandhabt werden. Sie hat zur Entstehung einer Vielzahl neuer Richtlinien und Strategien geführt, die darauf abzielen, Länder auf potenzielle Gesundheitsbedrohungen vorzubereiten. Dazu gehören der Aufbau von Überwachungssystemen, die Stärkung der

Kapazitäten zur schnellen Reaktion auf Gesundheitsnotfälle und die Entwicklung von Impfstoffen und Medikamenten im Voraus.

Auf internationaler Ebene hat die Gesundheitssicherheitsdoktrin die Zusammenarbeit zwischen Staaten und internationalen Organisationen wie der WHO intensiviert. Gleichzeitig hat sie jedoch auch die Rolle des privaten Sektors, insbesondere der Pharmaindustrie, gestärkt. Diese Entwicklung hat zu Bedenken geführt, dass **kommerzielle Interessen in den Vordergrund rücken könnten**, auf Kosten der öffentlichen Gesundheit und des Gemeinwohls.

Militarisierung und Politisierung des Gesundheitswesens

Eine der kontroversesten Aspekte der Gesundheitssicherheitsdoktrin ist die Militarisierung des Gesundheitswesens. In der Praxis bedeutet dies, dass Gesundheitskrisen zunehmend mit den gleichen Instrumenten und Methoden bekämpft werden, die auch in militärischen Konflikten zum Einsatz kommen. Dies umfasst den

- Einsatz von Technologien,

- die Überwachung der Bevölkerung

- und die Implementierung von Notfallgesetzen,

die weitreichende Befugnisse für Regierungen und Behörden beinhalten.

Diese Militarisierung hat auch eine **Politisierung des Gesundheitswesens** zur Folge. Entscheidungen über Gesundheitsmaßnahmen werden nicht mehr nur auf der Grundlage von wissenschaftlichen Erkenntnissen getroffen, sondern **zunehmend auch durch sicherheitspolitische Überlegungen beeinflusst. Dies kann dazu führen, dass Maßnahmen ergriffen werden, die nicht immer im besten Interesse der öffentlichen Gesundheit sind, sondern vielmehr politischen und strategischen Zielen dienen**.

Die Gesundheitssicherheitsdoktrin hat die Art und Weise, wie Gesundheitskrisen wahrgenommen und bewältigt werden, grundlegend verändert. Während sie in manchen Fällen zu einer schnelleren und effektiveren Reaktion führen kann, birgt sie **auch die Gefahr, dass Gesundheitsfragen instrumentalisiert und zur Rechtfertigung von Maßnahmen genutzt werden, die tief in die Freiheitsrechte der Menschen eingreifen**.

Teil 2: Kritische Analyse der WHO-Strukturen und - Praktiken

Kapitel 3: Die Macht des WHO-Generaldirektors

Untersuchung der Rolle des WHO-Generaldirektors bei der Ausrufung von Gesundheitsnotständen

Der Generaldirektor der Weltgesundheitsorganisation (WHO) hat eine zentrale und mächtige Position inne, insbesondere wenn es darum geht, globale Gesundheitsnotstände auszurufen. Diese Funktion erlaubt es dem Generaldirektor, Situationen als „Public Health Emergency of International Concern" (PHEIC) zu deklarieren. Eine solche Erklärung hat weitreichende Konsequenzen, da sie Maßnahmen auslösen kann, die in normalen Zeiten undenkbar wären, wie zum Beispiel die

- schnelle Entwicklung und Verteilung von Impfstoffen,

- die Implementierung von Quarantänemaßnahmen

- und die Mobilisierung internationaler Ressourcen.

Diese Macht des Generaldirektors wurde während der **COVID-19-Pandemie** besonders deutlich. Die Entscheidung, COVID-19 als PHEIC zu deklarieren, führte zu einem globalen Notstand, der die Art und Weise, wie Regierungen und Gesundheitsbehörden auf die Pandemie reagierten, maßgeblich beeinflusste. Diese Entscheidung hat jedoch auch Kritik auf sich gezogen, insbesondere hinsichtlich der Geschwindigkeit, mit der sie getroffen wurde, und der Frage, **ob ausreichend wissenschaftliche Beweise vorlagen, um eine solche drastische Maßnahme zu rechtfertigen**.

Gefahren der Konzentration von Macht in einer einzigen Person oder Institution

Die Konzentration dieser Entscheidungsgewalt in den Händen einer einzigen Person oder Institution birgt erhebliche Risiken. Kritiker argumentieren, dass dies zu einer Situation führen könnte, in der Entscheidungen nicht ausreichend hinterfragt oder durch andere Gremien überprüft werden. Dies ist besonders problematisch, wenn Entscheidungen weitreichende Auswirkungen auf die globale Gesundheit und Wirtschaft haben.

Ein weiteres Problem ist die potenzielle Einflussnahme
externer Akteure auf den Generaldirektor. Da die WHO stark
von freiwilligen Beiträgen und Spenden abhängt, besteht die
Sorge, dass finanzielle Interessen die Entscheidungen des
Generaldirektors beeinflussen könnten. Dies könnte dazu
führen, dass gesundheitspolitische Maßnahmen eher **im
Interesse der Geldgeber** als im Interesse der globalen
Gesundheit getroffen werden.

Um diese Risiken zu minimieren, fordern Experten eine
stärkere Kontrolle und Rechenschaftspflicht des WHO-
Generaldirektors. Dies könnte durch die Schaffung eines
unabhängigen Gremiums erreicht werden, das die
Entscheidungen des Generaldirektors überprüft und sicherstellt,
dass sie auf einer soliden wissenschaftlichen Grundlage
beruhen.

Kapitel 4: Die Verflechtung von wirtschaftlichen Interessen

Einflussnahme privater Geldgeber auf die WHO

In den letzten Jahrzehnten hat sich die Finanzierungsstruktur der WHO grundlegend verändert. Während die Organisation früher größtenteils durch Pflichtbeiträge der Mitgliedstaaten finanziert wurde, stammt heute ein erheblicher Teil ihrer Mittel aus freiwilligen Beiträgen privater Stiftungen, Unternehmen und anderer Nichtregierungsorganisationen. Dieser Wandel hat zu einer wachsenden Einflussnahme privater Geldgeber auf die Agenda und Prioritäten der WHO geführt.

Bill & Melinda Gates Foundation

BILL & MELINDA GATES *foundation*

Bestehen	seit 1999[1]
Stifter	Bill Gates, Melinda Gates
Sitz	Seattle, Vereinigte Staaten
Zweck	Globale Entwicklung, Gesundheit, Armutsbekämpfung und Bildung
Vorsitz	Bill Gates
Geschäftsführung	Mark Suzman[2]
Stiftungskapital	67,3 Mrd. USD (2022)[3]
Mitarbeiterzahl	1.489 (2020)[4]
Website	gatesfoundation.org

Ein prominentes Beispiel ist die Bill & Melinda Gates Foundation, die zu den größten Geldgebern der WHO gehört. Während diese und andere Stiftungen erhebliche finanzielle Ressourcen für wichtige Gesundheitsinitiativen bereitstellen, gibt es Bedenken, dass diese Beiträge an spezifische Bedingungen geknüpft sind, die die Unabhängigkeit der WHO einschränken könnten. Kritiker befürchten, dass dies zu einer Priorisierung von Themen führen könnte, die den Interessen der Geldgeber entsprechen, anstatt den dringendsten globalen Gesundheitsbedürfnissen.

Die „Emergency Use Listing Procedure" und mögliche Risiken

Die „Emergency Use Listing Procedure" (EUL) der WHO ist ein Mechanismus, der es ermöglicht, in Notfällen schnell Medikamente und Impfstoffe zuzulassen, **auch wenn diese noch nicht vollständig getestet wurden**. Dieser Mechanismus wurde während der COVID-19-Pandemie intensiv genutzt, um Impfstoffe und therapeutische Mittel schnell auf den Markt zu bringen. Während die EUL zweifellos Leben retten kann, wenn schnelle Maßnahmen erforderlich sind, birgt sie auch erhebliche Risiken.

Einer der Hauptkritikpunkte an der EUL ist, dass sie es ermöglicht, Produkte auf den Markt zu bringen, die nicht vollständig getestet wurden, was **das Risiko von unerwünschten Nebenwirkungen erhöht**. Darüber hinaus gibt es Bedenken, dass der EUL-Prozess von kommerziellen

Interessen beeinflusst werden könnte, insbesondere wenn finanzstarke Akteure wie die Pharmaindustrie Druck ausüben, um ihre Produkte schnell zugelassen zu bekommen.

Diese Bedenken werden durch die Tatsache verstärkt, dass die WHO und ihre Berater **durch Immunitäten und Privilegien geschützt** sind, was es schwierig macht, sie zur Rechenschaft zu ziehen, falls ihre Entscheidungen negative Konsequenzen haben. Dies führt zu einer Situation, in der potenziell riskante Entscheidungen ohne ausreichende Transparenz und Rechenschaftspflicht getroffen werden können.

Teil 3: Globale Gesundheitsvorschriften und ihre Auswirkungen

Kapitel 5: Erweiterung der internationalen Gesundheitsvorschriften

Erklärung der neuen Erweiterungen der Gesundheitsvorschriften

Die Internationalen Gesundheitsvorschriften (International Health Regulations, **IHR**) sind ein rechtliches Instrument, das von der WHO entwickelt wurde, um den grenzüberschreitenden Gesundheitsbedrohungen entgegenzuwirken und eine koordinierte internationale Reaktion zu ermöglichen. Die ursprünglichen IHR wurden 1969 verabschiedet und 2005 umfassend überarbeitet, um den neuen globalen Herausforderungen, insbesondere im Zusammenhang mit der Globalisierung und der schnellen Verbreitung von Krankheiten, gerecht zu werden.

Im Jahr 2024 wurden die IHR erneut erweitert, um auf die Lehren aus der COVID-19-Pandemie zu reagieren. Diese Erweiterungen umfassen mehrere wichtige Änderungen, die darauf abzielen, die Fähigkeit der WHO und der Mitgliedstaaten zu stärken, auf Gesundheitskrisen zu reagieren. Zu den wichtigsten Änderungen gehören:

- Erweiterte Befugnisse für den WHO-Generaldirektor:

Der Generaldirektor erhält erweiterte Befugnisse, um Gesundheitsnotstände auszurufen und Maßnahmen zu ergreifen, die für alle Mitgliedstaaten verbindlich sind.

- Verpflichtende Berichterstattung und Überwachung:

Die Mitgliedstaaten sind verpflichtet, umfassendere und schnellere Berichte über Gesundheitsbedrohungen an die WHO zu übermitteln, einschließlich der Verwendung von erweiterten Überwachungs- und Diagnosetools.

- Verstärkte Zusammenarbeit mit anderen internationalen Organisationen:

Die IHR sehen nun eine engere Zusammenarbeit der WHO mit anderen internationalen Organisationen, wie dem Internationalen Währungsfonds (IWF) und der Weltbank, vor, um die wirtschaftlichen und gesundheitlichen Folgen von Pandemien besser bewältigen zu können.

Potenzielle Auswirkungen auf nationale Souveränität und individuelle Freiheiten

Die Erweiterungen der IHR haben erhebliche Auswirkungen
auf die nationale Souveränität der Mitgliedstaaten. Durch die
neuen Befugnisse der WHO wird es für einzelne Länder
schwieriger, eigenständige Entscheidungen über ihre
Gesundheitsmaßnahmen zu treffen. Die WHO kann nun
globale Gesundheitsmaßnahmen vorschreiben, die für alle
Mitgliedstaaten verbindlich sind, unabhängig von deren
nationalen Prioritäten oder Bedürfnissen.

Dies hat zu Besorgnis geführt, dass nationale Regierungen
gezwungen sein könnten, Maßnahmen zu ergreifen, die nicht
im besten Interesse ihrer Bevölkerung liegen oder die ihre
nationalen gesundheitspolitischen Ziele untergraben könnten.
Insbesondere in Ländern mit schwächeren
Gesundheitssystemen könnte dies zu einer Überforderung
führen, wenn sie versuchen, den Anforderungen der WHO
gerecht zu werden.

Darüber hinaus gibt es Bedenken hinsichtlich der
Auswirkungen auf individuelle Freiheiten. Die IHR-
Erweiterungen könnten Maßnahmen wie verpflichtende
Impfungen, Quarantänen und Reisebeschränkungen fördern,
die tief in die persönlichen Freiheiten der Menschen eingreifen.
Kritiker argumentieren, dass solche Maßnahmen, wenn sie
nicht sorgfältig abgewogen und implementiert werden, zu einer
Einschränkung der bürgerlichen Freiheiten führen könnten,

insbesondere wenn sie ohne ausreichende Transparenz oder
Rechenschaftspflicht durchgesetzt werden.

Gefahr einer globalen Gesundheitsdiktatur

Die Erweiterungen der IHR haben bei einigen Beobachtern die
Sorge geweckt, dass sie den Weg für eine globale
Gesundheitsdiktatur ebnen könnten. Unter diesem Szenario
könnte die WHO, unterstützt von mächtigen internationalen
Akteuren und Organisationen, die Kontrolle über wesentliche
Aspekte der globalen Gesundheitspolitik übernehmen und
Entscheidungen treffen, die tief in das Leben der Menschen
eingreifen.

Die Möglichkeit, dass eine zentrale Institution wie die WHO so
viel Macht über die Gesundheitspolitik der Welt erlangen
könnte, wird als bedenklich angesehen, insbesondere
angesichts der bereits bestehenden Bedenken hinsichtlich der
Einflussnahme privater Geldgeber auf die WHO. Eine solche
Machtkonzentration könnte dazu führen, dass Entscheidungen
getroffen werden, die eher den Interessen mächtiger Akteure
als dem globalen Gemeinwohl dienen.

Um diese Gefahr zu mindern, fordern Kritiker mehr
Transparenz und eine stärkere Kontrolle der WHO durch die
Mitgliedstaaten. Es wird auch vorgeschlagen, dass die IHR so
reformiert werden sollten, dass sie einen ausgewogeneren
Ansatz bieten, der sowohl die Notwendigkeit einer schnellen
und effektiven Reaktion auf Gesundheitskrisen berücksichtigt
als auch die Wahrung der nationalen Souveränität und
individuellen Freiheiten gewährleistet.

Kapitel 6: Fallstudien und Beispiele

Präsentation konkreter Beispiele aus der COVID-19-Pandemie

Die COVID-19-Pandemie bietet eine Fülle von Fallstudien, die
die in den vorherigen Kapiteln diskutierten Themen
veranschaulichen. Hier sind einige konkrete Beispiele:

- Die Ausrufung des Gesundheitsnotstands:

Im Januar 2020 erklärte die WHO COVID-19 zu einem „Public
Health Emergency of International Concern" (PHEIC). Diese
Entscheidung führte zu einer globalen Mobilisierung, die
sowohl positive als auch negative Auswirkungen hatte.

Während die schnelle Reaktion viele Leben rettete, gibt es auch Kritik, dass die Entscheidung zu voreilig getroffen wurde und zu einer übermäßigen Fokussierung auf Impfstoffe führte, während andere wichtige Gesundheitsmaßnahmen vernachlässigt wurden.

- Die schnelle Zulassung von Impfstoffen:

Die EUL-Prozedur ermöglichte es der WHO, COVID-19-Impfstoffe in Rekordzeit zuzulassen. Dies wurde allgemein als Erfolg gefeiert, doch im Nachhinein sind Bedenken über die langfristige Sicherheit und Wirksamkeit dieser Impfstoffe aufgetaucht. Insbesondere die Nebenwirkungen einiger Impfstoffe haben zu öffentlichen Debatten und Misstrauen geführt.

- Die Maßnahmen zur Eindämmung der Pandemie:

Viele Länder implementierten strenge Maßnahmen wie Lockdowns, Quarantänen und Reisebeschränkungen, die von der WHO unterstützt wurden. Diese Maßnahmen hatten tiefgreifende Auswirkungen auf die Gesellschaft, von wirtschaftlichen Einbußen bis hin zu psychischen Gesundheitsproblemen. Die Frage, ob diese Maßnahmen verhältnismäßig waren, ist weiterhin umstritten.

Analyse der Auswirkungen auf verschiedene Länder und Bevölkerungen

Die COVID-19-Pandemie und die damit verbundenen Maßnahmen hatten unterschiedliche Auswirkungen auf verschiedene Länder und Bevölkerungen. Während einige Länder relativ gut durch die Krise kamen, litten andere erheblich unter den Folgen:

- Länder mit starken Gesundheitssystemen:

Länder wie Deutschland und Südkorea konnten die Pandemie relativ gut bewältigen, da sie über starke Gesundheitssysteme und gut organisierte Reaktionen verfügten. Allerdings führte die Fokussierung auf Impfungen und technokratische Lösungen auch hier zu Kontroversen und öffentlichem Widerstand.

- Länder mit schwächeren Gesundheitssystemen:

Länder des globalen Südens, insbesondere in Afrika und Lateinamerika, hatten oft Schwierigkeiten, den Anforderungen der WHO nachzukommen. Dies führte zu einer Überlastung ihrer Gesundheitssysteme und zu einer verzögerten Reaktion auf andere Gesundheitsprobleme. In vielen dieser Länder war die wirtschaftliche und soziale Belastung durch die Pandemie und die Maßnahmen zur Eindämmung besonders hoch.

- Benachteiligte Bevölkerungsgruppen:

Innerhalb von Ländern waren benachteiligte Bevölkerungsgruppen, wie ethnische Minderheiten und einkommensschwache Haushalte, besonders stark von den Maßnahmen betroffen. Sie hatten oft weniger Zugang zu Gesundheitsversorgung und waren wirtschaftlich stärker betroffen, was zu einer Verschärfung der sozialen Ungleichheiten führte.

Diese Fallstudien und Analysen verdeutlichen die komplexen Herausforderungen, die mit der globalen Gesundheitssteuerung verbunden sind. Sie zeigen auch, dass eine effektive Reaktion auf Gesundheitskrisen sowohl auf globaler als auch auf lokaler Ebene eine sorgfältige Abwägung der Interessen und Bedürfnisse aller Beteiligten erfordert.

Teil 4: Strategien zur Wahrung von Freiheit und Gesundheit

Kapitel 7: Selbstverantwortung und Aktivismus

Vorschläge zur aktiven Beteiligung der Bürger

Angesichts der wachsenden Befugnisse internationaler Organisationen wie der WHO und der damit verbundenen Risiken für die nationale Souveränität und individuelle Freiheiten wird es immer wichtiger, dass Bürger sich aktiv an der Gestaltung der Gesundheitspolitik beteiligen. Hier sind einige Vorschläge, wie dies geschehen kann:

- Bildung und Aufklärung:

Ein fundiertes Verständnis der globalen Gesundheitsarchitektur und der Rolle der WHO ist der erste Schritt. Bürger sollten sich über die bestehenden Gesundheitsvorschriften, die Machtstrukturen und die Entscheidungen, die auf internationaler Ebene getroffen werden, informieren. Dies kann durch den Zugang zu verlässlichen Informationsquellen, die Teilnahme an öffentlichen Diskussionen und das Lesen von kritischen Analysen erfolgen.

- Zivilgesellschaftliche Organisationen unterstützen:

Es gibt viele Nichtregierungsorganisationen (NGOs) und Initiativen, die sich für Transparenz, Rechenschaftspflicht und den Schutz der Menschenrechte im Gesundheitsbereich einsetzen. Bürger können diese Organisationen durch Spenden, freiwillige Arbeit oder die Verbreitung ihrer Botschaften unterstützen.

- Teilnahme an öffentlichen Konsultationen und Diskussionen:

Viele Regierungen und internationale Organisationen bieten Gelegenheiten zur öffentlichen Konsultation an, sei es durch Umfragen, offene Foren oder Anhörungen. Die Teilnahme an diesen Konsultationen gibt den Bürgern die Möglichkeit, ihre Bedenken zu äußern und Einfluss auf die Entscheidungen zu nehmen.

- Lokale Gemeinschaften stärken:

Gesundheitsmaßnahmen sollten nicht nur von oben nach unten durchgesetzt werden. Indem Bürger auf lokaler Ebene aktiv werden und Gemeinschaften organisieren, können sie dazu beitragen, dass gesundheitspolitische Maßnahmen besser an die Bedürfnisse und Prioritäten der Bevölkerung angepasst werden.

Zivilgesellschaftliches Engagement und Organisation von Widerstand

In Zeiten, in denen nationale und internationale Entscheidungen zunehmend die Freiheit und Rechte der Bürger betreffen, ist zivilgesellschaftliches Engagement von entscheidender Bedeutung. Hier sind einige Möglichkeiten, wie Bürger sich organisieren und Widerstand gegen übermäßige Machtkonzentration leisten können:

- Gründung und Teilnahme an Bürgerbewegungen:

Bürgerbewegungen haben oft einen großen Einfluss auf politische Entscheidungen, insbesondere wenn sie gut organisiert sind und breite Unterstützung erhalten. Bewegungen, die sich für die Wahrung der Freiheit und den Schutz der Gesundheit einsetzen, können eine starke Stimme im politischen Diskurs sein.

- Nutzung sozialer Medien für Aufklärung und Mobilisierung:

Soziale Medien sind ein mächtiges Werkzeug, um Informationen zu verbreiten, Menschen zu mobilisieren und Druck auf Entscheidungsträger auszuüben. Bürger sollten soziale Medien nutzen, um Bewusstsein zu schaffen, Aufklärungskampagnen zu starten und Netzwerke von Gleichgesinnten zu bilden.

- Friedlicher Protest und Demonstrationen:

Friedlicher Protest ist ein grundlegendes Recht und eine wirksame Methode, um politische Aufmerksamkeit zu erlangen. Demonstrationen und Kundgebungen können helfen, die Öffentlichkeit zu sensibilisieren und politischen Druck auszuüben.

- Rechtsmittel und Petitionen:

Wenn Entscheidungen getroffen werden, die als ungerecht oder rechtswidrig angesehen werden, können Bürger Rechtsmittel einlegen oder Petitionen starten. Dies kann dazu beitragen, bestimmte Entscheidungen zu überprüfen oder sogar zu ändern.

Beispiele für erfolgreichen Aktivismus

Es gibt zahlreiche Beispiele aus der Geschichte, die zeigen, wie erfolgreiches zivilgesellschaftliches Engagement und Aktivismus Veränderungen bewirken können:

- Die Bürgerrechtsbewegung in den USA:

In den 1960er Jahren führte die Bürgerrechtsbewegung durch gewaltfreie Proteste und zivilen Ungehorsam zur Abschaffung der Rassentrennung und zur Einführung von Gesetzen, die die Rechte von Afroamerikanern schützten.

- Anti-Atomkraft-Bewegungen in Europa:

In den 1970er und 1980er Jahren mobilisierten sich Bürger in vielen europäischen Ländern gegen den Bau von Atomkraftwerken. Durch Proteste und Kampagnen gelang es ihnen, die öffentliche Meinung zu beeinflussen und politische Entscheidungen zu ändern.

- Bewegung für Umweltschutz und Klimawandel:

In den letzten Jahrzehnten haben Bewegungen wie Fridays for Future und Extinction Rebellion das Bewusstsein für den

Klimawandel geschärft und Druck auf Regierungen ausgeübt, Maßnahmen zum Schutz der Umwelt zu ergreifen.

Diese Beispiele zeigen, dass engagierte Bürger tatsächlich Veränderungen bewirken können, selbst in komplexen und globalen Angelegenheiten. Der Schlüssel zum Erfolg liegt in der Organisation, der Mobilisierung und dem Beharren auf Prinzipien der Gerechtigkeit und Freiheit.

Kapitel 8: Rechtliche Möglichkeiten und internationale Zusammenarbeit

Darstellung juristischer Wege, um gegen fragwürdige WHO-Entscheidungen vorzugehen

Die Rechtssysteme bieten eine wichtige Plattform, um gegen Entscheidungen vorzugehen, die als ungerecht oder schädlich angesehen werden. Bürger, NGOs und Regierungen haben verschiedene rechtliche Mittel zur Verfügung, um sich gegen fragwürdige Entscheidungen der WHO oder anderer internationaler Organisationen zu wehren:

- Verwaltungsgerichte:

In vielen Ländern können Bürger und Organisationen
Verwaltungsgerichte anrufen, um Entscheidungen von
Regierungsbehörden, die auf internationalen Vereinbarungen
basieren, zu überprüfen. Wenn nationale Regierungen
Entscheidungen der WHO umsetzen, die die Rechte der Bürger
verletzen, kann dies gerichtlich angefochten werden.

- Verfassungsbeschwerden:

Wenn die Umsetzung internationaler Gesundheitsvorschriften
Grundrechte verletzt, kann eine Verfassungsbeschwerde
erhoben werden. Dies könnte zum Beispiel der Fall sein, wenn
verpflichtende Maßnahmen wie Impfungen oder Quarantänen
verhängt werden, die als unverhältnismäßig angesehen werden.

- Internationale Gerichte:

Auf internationaler Ebene können Fälle vor dem
Internationalen Gerichtshof (IGH) oder dem Europäischen
Gerichtshof für Menschenrechte (EGMR) gebracht werden.
Diese Gerichte können prüfen, ob internationale
Gesundheitsvorschriften oder deren Umsetzung mit
internationalen Menschenrechtsstandards vereinbar sind.

- Einspruch und Reforminitiativen:

Bürger und NGOs können auch auf politischer Ebene
Einspruch erheben und Reformen anregen, um die
Entscheidungsprozesse innerhalb der WHO transparenter und
rechenschaftspflichtiger zu gestalten.

Möglichkeiten zur Stärkung internationaler Zusammenarbeit

Während die Globalisierung in vielerlei Hinsicht zur
Verbesserung der internationalen Gesundheitsversorgung
beigetragen hat, ist es wichtig, dass die internationale
Zusammenarbeit auf Prinzipien der Gerechtigkeit, Transparenz
und Rechenschaftspflicht beruht. Hier sind einige Vorschläge,
wie die internationale Zusammenarbeit in der
Gesundheitsversorgung gestärkt werden kann:

- Förderung von Transparenz und Rechenschaftspflicht:

Internationale Organisationen wie die WHO sollten verpflichtet werden, ihre Entscheidungsprozesse transparent zu gestalten und regelmäßig Rechenschaft abzulegen. Dies könnte durch die Einführung unabhängiger Überwachungsgremien und die regelmäßige Veröffentlichung von Berichten über ihre Aktivitäten und Entscheidungen geschehen.

- Stärkung der Rolle der Zivilgesellschaft:

Die Einbeziehung der Zivilgesellschaft in die Entscheidungsprozesse der WHO und anderer internationaler Organisationen ist entscheidend, um sicherzustellen, dass die Interessen der Menschen und nicht nur der Regierungen oder privaten Akteure berücksichtigt werden. Dies könnte durch die Schaffung von Plattformen für den Dialog zwischen Regierungen, internationalen Organisationen und zivilgesellschaftlichen Gruppen erreicht werden.

- Förderung von Alternativen zur WHO:

Länder und Organisationen könnten alternative internationale Gesundheitsplattformen oder -initiativen fördern, die stärker auf die Bedürfnisse und Prioritäten der Menschen vor Ort eingehen. Dies könnte durch regionale Gesundheitsorganisationen oder Netzwerke geschehen, die

unabhängig von der WHO agieren, aber dennoch eine enge
Zusammenarbeit fördern.

- *Aufbau von Kapazitäten in den Ländern des globalen Südens:*

Die internationale Gemeinschaft sollte stärker in den Aufbau
von Gesundheitssystemen in den Ländern des globalen Südens
investieren, um sicherzustellen, dass diese Länder in der Lage
sind, eigenständig auf Gesundheitskrisen zu reagieren. Dies
könnte durch technische Hilfe, Schulungen und finanzielle
Unterstützung geschehen.

Vorteile einer verstärkten internationalen Zusammenarbeit

Eine verstärkte internationale Zusammenarbeit, die auf den
oben genannten Prinzipien beruht, kann dazu beitragen, globale
Gesundheitskrisen effektiver zu bewältigen und gleichzeitig die
Rechte und Freiheiten der Menschen zu schützen. Sie kann
auch dazu beitragen, das Vertrauen in internationale
Organisationen wie die WHO wiederherzustellen und
sicherzustellen, dass globale Gesundheitsmaßnahmen gerecht
und im Interesse aller Menschen sind.

Durch eine stärkere Einbindung der Zivilgesellschaft und eine
Verbesserung der Rechenschaftspflicht können internationale
Gesundheitsinitiativen dazu beitragen, die gesundheitlichen
Ungleichheiten in der Welt zu verringern und eine gerechtere
und gesündere Zukunft für alle Menschen zu schaffen.

Teil 5: Schlussfolgerungen und Ausblick

Kapitel 9: Die Zukunft der globalen Gesundheitssteuerung

Diskussion über zukünftige Entwicklungen in der globalen Gesundheitssteuerung

Die globale Gesundheitssteuerung befindet sich an einem
entscheidenden Wendepunkt. Die Erfahrungen mit der COVID-
19-Pandemic haben gezeigt, dass die internationale
Gemeinschaft in der Lage ist, auf Gesundheitskrisen schnell
und koordiniert zu reagieren. Gleichzeitig haben diese

Erfahrungen jedoch auch Schwächen und Herausforderungen aufgezeigt, die es zu bewältigen gilt.

Eine der wichtigsten Entwicklungen, die in den kommenden Jahren zu erwarten ist, ist die zunehmende Bedeutung von internationalen Organisationen wie der WHO. Mit der Erweiterung der internationalen Gesundheitsvorschriften und der Einführung neuer globaler Gesundheitsstrategien wird die WHO eine zentrale Rolle bei der Gestaltung der globalen Gesundheitspolitik spielen. Dies birgt das Potenzial für sowohl positive als auch negative Entwicklungen.

Auf der einen Seite könnte die WHO durch stärkere internationale Zusammenarbeit, verbesserte Überwachungssysteme und koordinierte Maßnahmen dazu beitragen, zukünftige Pandemien und Gesundheitskrisen effektiver zu bewältigen. Auf der anderen Seite besteht die Gefahr, dass die Konzentration von Macht in einer einzigen Organisation oder bei wenigen Akteuren zu einer Erosion der nationalen Souveränität und individuellen Freiheiten führt.

Eine weitere wichtige Entwicklung wird die zunehmende Integration von Technologie und Überwachung in die globale Gesundheitssteuerung sein. Fortschritte in der genetischen Sequenzierung, der Datenanalyse und der digitalen Gesundheitsüberwachung werden es ermöglichen,

Gesundheitsbedrohungen frühzeitig zu erkennen und schneller darauf zu reagieren. Diese Technologien bringen jedoch auch ethische und datenschutzrechtliche Fragen mit sich, die sorgfältig abgewogen werden müssen.

Prognosen über mögliche Veränderungen und Reformen

In Anbetracht der Herausforderungen und Chancen, die sich aus den aktuellen Entwicklungen in der globalen Gesundheitssteuerung ergeben, sind mehrere mögliche Szenarien für die Zukunft denkbar:

- Stärkere Regulierung und Rechenschaftspflicht:

Ein mögliches Szenario ist, dass internationale Organisationen wie die WHO stärker reguliert und rechenschaftspflichtig gemacht werden. Dies könnte durch die Schaffung unabhängiger Überwachungs- und Kontrollinstanzen sowie durch eine verstärkte Einbindung der Zivilgesellschaft erreicht werden.

- Dezentralisierung der Gesundheitssteuerung:

Ein weiteres Szenario könnte eine Dezentralisierung der globalen Gesundheitssteuerung sein. Anstatt die Macht in den Händen weniger globaler Akteure zu konzentrieren, könnten regionale Gesundheitsorganisationen und nationale Regierungen eine stärkere Rolle spielen. Dies könnte dazu beitragen, Gesundheitsmaßnahmen besser an die spezifischen Bedürfnisse und Gegebenheiten vor Ort anzupassen.

- Zunahme von Public-Private-Partnerships:

Es ist wahrscheinlich, dass Public-Private-Partnerships (PPPs) in der globalen Gesundheitssteuerung weiter zunehmen werden. Während diese Partnerschaften dazu beitragen können, dringend benötigte Ressourcen und Innovationen bereitzustellen, besteht auch das Risiko, dass kommerzielle Interessen über das öffentliche Wohl gestellt werden.

- Neue globale Gesundheitskrisen:

Schließlich ist es wahrscheinlich, dass die Welt in den kommenden Jahren mit neuen globalen Gesundheitskrisen konfrontiert sein wird. Diese Krisen könnten durch neue Infektionskrankheiten, die Auswirkungen des Klimawandels oder andere unvorhersehbare Ereignisse ausgelöst werden. Die Art und Weise, wie die internationale Gemeinschaft auf diese

Krisen reagiert, wird entscheidend dafür sein, wie die globale
Gesundheitssteuerung in Zukunft gestaltet wird.

Kapitel 10: Ein Aufruf zum Handeln

Zusammenfassung der wichtigsten Erkenntnisse des Buches

Dieses Buch hat verschiedene Aspekte der globalen
Gesundheitssteuerung beleuchtet, insbesondere die Rolle der
WHO und die Auswirkungen der
Gesundheitssicherheitsdoktrin. Die zentralen Erkenntnisse
lassen sich wie folgt zusammenfassen:

1. Machtkonzentration bei der WHO:

Die WHO spielt eine zentrale Rolle in der globalen
Gesundheitspolitik, doch ihre zunehmende Macht und die
Einflussnahme privater Geldgeber werfen Fragen zur
Unabhängigkeit und Rechenschaftspflicht auf.

2. Risiken der Gesundheitssicherheitsdoktrin:

Die Militarisierung und Politisierung des Gesundheitswesens im Rahmen der Gesundheitssicherheitsdoktrin birgt das Risiko, dass gesundheitspolitische Entscheidungen eher durch sicherheitspolitische als durch wissenschaftliche Überlegungen beeinflusst werden.

3. Einschränkung nationaler Souveränität und individueller Freiheiten:

Die Erweiterung der internationalen Gesundheitsvorschriften könnte zu einer Erosion der nationalen Souveränität und zu Eingriffen in die individuellen Freiheiten führen, insbesondere durch verpflichtende Maßnahmen wie Impfungen und Quarantänen.

4. Wichtigkeit von Selbstverantwortung und Aktivismus:

Um diesen Herausforderungen zu begegnen, ist es wichtig, dass Bürger sich aktiv an der Gestaltung der Gesundheitspolitik beteiligen, sei es durch Aufklärung, zivilgesellschaftliches Engagement oder rechtliche Schritte.

5. Notwendigkeit internationaler Reformen:

Um die globale Gesundheitssteuerung gerechter und transparenter zu gestalten, sind Reformen notwendig, die die Rechenschaftspflicht und Transparenz internationaler Organisationen wie der WHO stärken.

Aufruf an die Leser, aktiv zu werden

Dieses Buch endet mit einem dringenden Aufruf an die Leser: Die Herausforderungen und Risiken, die in der globalen Gesundheitssteuerung bestehen, erfordern eine aktive Beteiligung jedes Einzelnen. Es reicht nicht aus, auf Veränderungen von oben zu warten; wir müssen alle unseren Teil dazu beitragen, um eine gerechtere und gesündere Zukunft zu schaffen.

- Informieren Sie sich:

Wissen ist Macht. Informieren Sie sich über die Strukturen und Prozesse, die die globale Gesundheitssteuerung beeinflussen, und teilen Sie dieses Wissen mit anderen.

- Werden Sie aktiv:

Schließen Sie sich zivilgesellschaftlichen Organisationen an, beteiligen Sie sich an öffentlichen Konsultationen und Protesten, und nutzen Sie Ihre Stimme, um für Transparenz, Rechenschaftspflicht und den Schutz der individuellen Freiheiten einzutreten.

- Setzen Sie sich für Reformen ein:

Unterstützen Sie Initiativen, die auf die Reform internationaler Organisationen wie der WHO abzielen, um sicherzustellen, dass diese Organisationen im Interesse aller Menschen handeln, nicht nur im Interesse weniger mächtiger Akteure.

- Bleiben Sie wachsam:

Die Entwicklungen in der globalen Gesundheitssteuerung werden die Zukunft unserer Gesellschaften mitbestimmen. Bleiben Sie wachsam gegenüber Maßnahmen, die Ihre Rechte und Freiheiten einschränken könnten, und setzen Sie sich für eine gerechte und transparente Gesundheitssteuerung ein.

Schlusswort: Eine gerechtere und gesündere Zukunft schaffen

Die globale Gesundheitssteuerung steht vor großen
Herausforderungen, aber auch vor großen Chancen. Wenn wir
uns als globale Gemeinschaft zusammenschließen, um für eine
gerechte, transparente und rechenschaftspflichtige
Gesundheitspolitik einzutreten, können wir eine bessere
Zukunft für uns und die kommenden Generationen schaffen. Es
liegt in unserer Hand, die Richtung zu bestimmen, in die sich
die Weltgesundheit bewegt.

Dieses Buch soll ein Beitrag zu diesem Prozess sein, indem es
Wissen vermittelt, zum Nachdenken anregt und zu Handlungen
inspiriert. Die Zukunft der globalen Gesundheit hängt von
unseren heutigen Entscheidungen ab – lassen Sie uns
gemeinsam sicherstellen, dass diese Entscheidungen im
Interesse des globalen Gemeinwohls getroffen werden.

Über den Autor

» *„Glück ist kein Geschenk der Götter, sondern die Frucht innerer Einstellung." Erich Fromm* «

Die Bücher von Holger Kiefer befassen mit populärwissenschaftlich aufgearbeiteten Themen der Gesundheit Spiritualität, aber auch mit Psychologie, Philosophie und Religion, kurzum mit dem, was uns Menschen in bestimmten Lebensphasen interessiert und uns wichtig ist. Besonders für Kinder zu empfehlen sind seine Werke zu den Themen Konzentration und Durchhaltevermögen:
Mein Ausmalbuch zum Buchstabenlernen
Intuitives Buchstaben schreiben lernen von klein auf
https://kiefer-coaching.de/02
Konzentrationstraining für Kinder von Klein bis Groß
Arbeitsbuch und Anleitung
Zur Erziehung gehört auch die Kinder für das Lernen vorzubereiten. Je eher Kinder damit anfangen, desto besser
https://kiefer-coaching.de/10
und der richtigen Ernährung für Kinder und Jugentliche:

Powerfood für Kinder und Jugendliche Gesunde Ernährung für Kinder Ratgeber für Eltern
https://heil-weg.de/22

und für die ganz Kleinen:
Horace das einzigartige Nilpferd
Das Kinderbuch - Eine Geschichte über Selbstakzeptanz
Für Kinder über 0 Jahre zum lesen und malen
https://kiefer-coaching.de/14

DER DISZIPLIN CODE
ERWEITERN SIE IHR POTENZIAL DIE KUNST DER

SELBSTDISZIPLIN
https://kiefer-coaching.de/18

Durch die Kunst des Loslassens zum inneren Frieden
https://kiefer-coaching.de/19

Weitere Titel von Holger Kiefer finden Sie auf den nächsten
Seiten

Hier zunächst Bücher zum Thema Psycho und mehr, weiter
unten zu Gesundheitsthemen und ganz am Schluss die
geitlichen und spirituellen Themen.
Psycho und mehr:
Dark Triad – Dunkle Triade
Narzissten – Psychopathen – Machiavellisten
https://kiefer-coaching.de/06

Manifestieren Sie Ihre Träume
Wie sie alle guten Dinge anziehen
https://kiefer-coaching.de/09

Gut zu wissen – so funktioniert das Gehirn
Die Geheimnisse des Gehirns: Von der Hardware zur Software
des erfolgreichen Denkens
https://kiefer-coaching.de/08

Glücklich als Single 49 Tipps für Singles
Stars über Glück statt Einsamkeit – so gelingt es
https://kiefer-coaching.de/07

Selbstwert von innen heraus
Eine Reise zu mehr Selbstbewusstsein und Selbstachtung
Selbstwertgefühl steigern und negative Selbstkritik zu
überwinden

https://kiefer-coaching.de/16

Befreie dein Leben: Die Macht des Loslassens verstehen und
nutzen
https://kiefer-coaching.de/17

Ein spannendes Interview:
Lernen von einem CIA-Agenten – die psychologische
Kriegsführung
USA, China, Russland, Europa – jeder ist in Gefahr – Ein CIA-
Insider packt aus
https://kiefer-coaching.de/11

Bei allem Ernst darf es auch etwas lustiges sein. Haben Sie
schon von den Schildbürgern gehört?

Das Schildbürger Buch anno dazumal
Eine moderne Neuerzählung für alles Altersgruppen
Geschenkausgabe, sehr edel
https://kiefer-coaching.de/05

Weihnachtbaumverbot Kita: Die verrückten Entscheidungen
der Schildbürger
Schildbürgerstreich Kindergarten: Wie der Weihnachtsbaum
verbannt wurde
https://kiefer-coaching.de/04

Die Schildbürger im Wokeness-Wahn
Absurde Geschichten und satirische Einblicke
https://kiefer-coaching.de/01

Die Happy Ramadan Beleuchtung der Schildbürger-Partei
Schildbürgerstreich zum Fastenmonat
https://kiefer-coaching.de/03

Gesundheit und mehr

Alles über Sonnenbrand
Bewährte Hausmittel bei Sonnenbrand und mehr
Es bietet wissenschaftliche Detail-Informationen
https://heil-weg.de/02

Alles über Zecken Zeckenbiss Mensch & Tier
Antworten auf häufig gestellte Fragen zu Zeckenstich, Zecken
entfernen, Infektion, Impfung
https://heil-weg.de/23

Marc Segar ich habe Asperger-Syndrom
Mein Leben, meine Erfahrung, wie man als Autist besser
überlebt
https://heil-weg.de/03

Depressionen besser verstehen und überwinden für Kinder
Jugendliche Erwachsene
Ratgeber Neurologie Depression
https://heil-weg.de/04

CBD-Öl zur Behandlung von Autismus Studie bei Autismus-
Spektrum-Störung
Wenn Neuleptil, Abilify, Tavor bei Autismus-Spektrum-
Störungen nicht helfen
https://heil-weg.de/05

Autismus und Schlaf bei Autismus-Spektrum Störungen
Studien zur Behandlung und Bewältigung von
Schlafproblemen mit Autismus-Spektrum-Störungen
https://heil-weg.de/06

Stammzelltherapie bei Autismus
Pro und Kontra: Aktuelle Studien – S3-Leitlinie
https://heil-weg.de/07

Diagnose Insomnie – Schlafstörung
Neurodegenerative Erkrankung Schlafstörungen
https://heil-weg.de/08

So entsteht ein Mensch – von der Befruchtung bis zur Geburt
Ratgeber Schwangerschaft – Alle Phasen der Entwicklung von
Mutter und Kind
https://heil-weg.de/09

Alkohol Krankheiten und ihre Folgen Krebs durch Alkohol das
KrebsrisAlkoholiker welche Krebsarten löst Alkohol aus –
Erfahrungen - Informationen zu Alkoholsuchtiko Alkoholismus
Alkoholiker welche Krebsarten löst Alkohol aus- Erfahrungen -
Informationen zur Alkoholsucht
https://heil-weg.de/10

Krebs durch Alkohol das Krebsrisiko
Fachbuch Welche Krebsarten löst Alkohol aus – Erfahrungen –
Informationen
https://heil-weg.de/11

Alkoholentzug und Entzugserscheinungen
Alkoholentzugssyndrom – Alkoholismus Alkoholentzug
Therapie bei Alkoholabhängigkeit
https://heil-weg.de/12

Lehrbuch Alkohol für Ärzte, Mediziner, Therapeuten zum
Thema Alkoholismus
Fachbuch Alkoholismus Leitfaden für Fachkräfte
https://heil-weg.de/13

Ernährung für einen gesunden Darm
Empfohlene Ernährungstipps für eine gesunde Verdauung nicht
nur bei Magen-Darmproblem
https://heil-weg.de/14

Basiswissen Alzheimer: Verständliche Erklärungen der
wichtigsten Fachbegriffe
Alzheimer Demenz, Symptome und Hilfe für Angehörige
https://heil-weg.de/15

Schlafstörungen bei Alzheimer
Anzeichen für Alzheimer Schlafprobleme bewältigen –
Prävention, neue Medikamente und Studien
https://heil-weg.de/16

Erworbene Hirnverletzung Schädel-Hirn-Trauma SHT –
Schädel-Hirn-Verletzung
Gehirnverletzung Anzeichen Symptome Behandlung Verlauf
Folgen und Spätfolgen von Schädel Hirn Trauma
https://heil-weg.de/17

Abulie und Akinetischer Mutismus Symptome Mangel an
Willenskraft, Initiative, Antriebslosigkeit, Langsamkeit des
Denkens Bradyphrenie
Abulie: Das stille Ringen um Willenskraft - Verlorene
Emotionen, erstarrte Handlungen, Denkstörungen. Der Begriff
ist auch unter der Bezeichnung Abulia bekannt.
https://heil-weg.de/18

Die Darmkur zur Darmsanierung durch Darmflora Aufbau
Anleitung zur Darmkur: Wie die Darmreinigungskur die
Darmsanierung und Darmflora Aufbau unterstützt
https://heil-weg.de/19

Das Schlaf Buch – Schlaf gut ohne Schlafprobleme
Schlaflosigkeit? – Endlich den Schlaf verbessern – nie mehr
Schlaflos bei Agrypnie, Insomnie und Hyposomnie
https://heil-weg.de/20

Das Rückenprobleme Buch – Rückenschmerzen was hilft
schnell
Heilverfahren TCM, Ayurveda, Übungen zusätzlich Ursachen
Ödeme und Psychosomatische Beschwerden
https://heil-weg.de/21

Geistliche Themen

Friedensnobelpreis 2023 für die iranische Aktivistin Narges
Mohammadi
Narges Mohammadi Verfechterin von Gleichberechtigung und
Frauenrechten im Iran
https://kiefer-coaching.de/15

Philosophen über Zufriedenheit
Zufriedenheit lernen für Zufriedenheit Glück
https://heil-weg.de/01

Der berühmteste Vortrag von Hermes Trismegistus dem
Dreimaligen Großen mit Asklepios Die vollkommene Rede
Hermes Trismegistos im Dialog mit Asklepius Gott der
Heilkunst
https://priester-schamane.de/01

Sprich diese 3 magischen Worte, um deine Wünsche zu
manifestieren - Neville Goddard
Wunscherfüllung mit Neville Goddard: Brückenschlag

zwischen persönlichem Verlangen und göttlichem Plan?
https://priester-schamane.de/02

Impressum:

Holger Kiefer
Kopernikusstr. 14
D-90766 Fürth
beratungholgerkiefer@gmx.de
0162-9291723